VICTOR ORSEL,

NOTICE BIOGRAPHIQUE,

PAR

Henry TRIANON,

Bibliothécaire à la Bibliothèque Sainte-Geneviève.

PARIS, 1851.

Paris. — Imprimerie de E. Brière, rue Ste-Anne, 55.

A Monsieur Alphonse Périn.

Henry Trianon.

VICTOR ORSEL.

———

C'était vers la fin de la terrible année 1793. Collot d'Herbois, Couthon et Fouché exécutaient l'arrêt prononcé par la Convention nationale contre la ville de Lyon. Parmi leurs plus violents satellites se trouvait un ouvrier que son ignorance en arithmétique gênait fort dans l'exercice des fonctions dont on l'avait chargé. Inspiré par la nécessité, il fit appel aux conseils de son ancienne patronne. Celle-ci voulut bien répondre à cette marque de confiance; mais elle fit ses réserves ; et, en retour du service qu'on lui demandait, elle exigea et obtint le salut de plus d'une victime.

Cette patronne n'était autre que madame Orsel. Son mari était alors absent de Lyon. Deux ans après son retour, elle lui donnait un quatrième enfant, et, en 1799, elle restait veuve.

Ce fut au mois de mai 1795, dans ce mois charmant qui a reçu le nom de mois de Marie, que, par je ne sais quelle rencontre prophétique, naquit André-Jacques-Victor Orsel, le futur peintre de la mère du Christ. Ses yeux s'ouvrirent pour la première fois sous les beaux ombrages d'Oullins, maison de campagne de sa famille, aux environs de Lyon. Ses restes devaient y reposer plus tard. Entre les mains d'une mère intelligente et ferme, sous la direction d'un ecclésiastique, dont l'esprit éminemment religieux s'élevait au-dessus des petites pratiques, éclairé d'ailleurs par l'exemple d'un frère qui avait douze années de plus que lui, Victor Orsel franchit rapidement les épreuves de l'enfance, et il se trouva bientôt en état de suivre la pente où l'entraînait la nature de ses aptitudes.

Napoléon venait de créer à Lyon une école de dessin dont la direction avait été confiée à Revoil, un des plus ingénieux élèves de l'illustre David. Ce fut à cette école, dont la haute influence descendit jusque sur les dessins de la fabrique lyonnaise, que Victor Orsel reçut les premiers enseignements de son art, et ce fut auprès de Revoil, cet admirateur passionné de tout ce qui restait du moyen-âge, qu'il puisa cet amour dont il se montra constamment animé pour l'art chaste et naïf. Par une sorte de contradiction qu'expliqueraient à peine les leçons du peintre des *Horaces*, Revoil avait le goût le plus vif pour les gravures de Marc-Antoine, et il sut le communiquer à son jeune élève, que ces gravures, quoique d'une forme un peu exagérée, initièrent au génie de Raphaël.

Cependant l'élève commençait à voir par ses propres yeux. Les événements politiques de 1814 ayant éloigné Revoil de Lyon pendant dix-huit mois, Victor Orsel, choisi à l'unanimité par ses camarades, remplaça le maître absent. A cette époque, et le premier parmi les élèves de l'école lyonnaise, il fit un tableau de genre. Ce tableau représente une fileuse. Il peignit en outre un portrait d'après lui-même. Ce portrait, d'un fini précieux, se trouve dans les mains de M. Bonnefond, ami d'enfance d'Orsel et directeur actuel du Musée de Lyon. Mais c'était vers la peinture d'histoire, vers les sujets tirés de la Bible ou de l'Evangile que Victor se sentait entraîné, et c'était sur l'invention, sur l'expression que se concentraient ses pensées et ses travaux.

Revoil, à son retour, comprit toute la portée du talent déjà remarquable de celui qu'il était fier de nommer encore son élève; mais il sentit que ce jeune homme avait besoin des leçons d'un maître plus élevé, et, jetant les yeux sur la glorieuse pléiade qui illustrait alors la capitale, il se dit que Guérin seul, avec sa profonde science de l'expression, pouvait convenir à la tournure d'esprit de notre artiste.

L'influence du peintre de *Marcus Sextus* ne fut guère moins profonde sur le jeune Lyonnais que ne l'avait été celle de Revoil. Ce fut à cette nouvelle école que Victor Orsel apprit l'art si difficile d'être beau sans cesser d'être vrai. Là comme à Lyon, plus qu'à Lyon encore, il se tint à l'écart, écoutant et profitant. Là aussi, il se montra indépendant, quoique docile; et ç'a été un curieux spectacle que de voir sortir de l'atelier d'un maître qui n'est pas

sans quelque ressemblance avec Virgile un peintre essentielle-
ment chrétien.

Un triste événement le rappelle à Lyon : une maladie mortelle
venait de saisir sa mère. Présage sinistre ! Trente ans après, une
maladie du même genre devait l'emporter lui même : « Je mour-
rai comme ma mère, » disait-il parfois.

Après une année de soins inutiles et d'espérances trompées,
madame Orsel mourut. Victor avait vingt-quatre ans. Durant cette
cruelle année, dans les courts intervalles que lui laissaient les
souffrances de sa mère et ses propres chagrins, il peignit un
Enfant prodigue. Ce tableau est de proportions demi-nature. Le
jeune Hébreu est assis et de profil. Une douloureuse méditation
l'absorbe. Déjà, dans cette composition, se fait entrevoir la simplicité de mouvements et de formes qui est la marque du talent
d'Orsel. Les mains et les bras sont traités avec quelque chose de la
savante finesse du Vinci. La Société parisienne des Amis des arts
acheta ce tableau.

De retour à Paris, Orsel, après être rentré quelque temps chez
Guérin, peignit, en 1820, une toile de petite dimension représentant *Abraham et Agar*. Ce tableau, conçu dans le sens pudique de
Lesueur, fut acheté par la Société des arts de Lyon. Il appartient
maintenant à M. Orsel aîné.

Notre artiste mit ensuite la main à une toile que l'hospice de la
Charité de Lyon lui avait commandée. Il y représenta la Charité
assise à la porte d'un temple. Elle allaite un enfant, et donne un
pain à un vieillard agenouillé devant elle. Les figures de ce tableau
sont de grandeur naturelle. Envoyée au Louvre en 1822, vers la
fin de l'exposition, la *Charité* y figura, non sans honneur, à côté
de la *Corinne* de Gérard. Moins pure de lignes, mais d'un sentiment aussi tendre que la chapelle des litanies de la Vierge, elle
se distingue par la vérité du dessin, par la naïveté de l'expression,
et par quelque ressemblance avec le style de Lesueur.

Les frais d'exécution ayant dépassé le prix alloué par les admi-
nistrateurs de l'hospice, le conseil remboursa le peintre du sur-
plus de ses dépenses, et déclara ne recevoir le tableau qu'à titre
de présent. Ce n'était là pour Orsel qu'un premier pas dans la

route où son désintéressement devait éclater plus tard d'une manière si éloquente.

Une médaille de seconde classe fut la récompense de ses efforts.
Cette médaille, et une autre de première classe que lui mérita
son *Moïse* en 1831, voilà les seules marques de distinction qu'il
ait reçues de son pays.

Le ciel se montra plus juste : il lui avait enlevé sa mère, il
lui donna un ami. Ce fut vers cette époque, si je ne me trompe,
que Victor Orsel se lia avec M. Périn, fils du célèbre miniatu-
riste de ce nom. A peu près du même âge, épris des mêmes
travaux, tous les deux élèves de Guérin, ils ne se connurent que
pour s'aimer, et, lorsque la mort les sépara, leur amitié, contrai-
rement à la marche ordinaire des choses, était encore plus vive
qu'à ses premiers jours.

Guérin venait d'être nommé directeur de l'Ecole française à
Rome. Les deux amis le suivirent. Inspiré par les beaux ouvrages
qui de la ville éternelle font la métropole du monde, Orsel peignit
la *Mort d'Abel*. Ce tableau, de grande nature, a douze pieds de
largeur sur une hauteur de dix pieds. Abel est renversé, et sa
tête repose sur les genoux de sa mère. Adam est debout. D'une
main, il montre son fils mort à Caïn; de l'autre, il maudit le
meurtrier qui s'enfuit. Dans cette composition, qui fut envoyée
au salon de 1824, on remarqua surtout la figure d'Eve. Le reste
porte encore trop l'empreinte des études académiques. Mais Eve,
au point de vue de l'expression, n'est peut-être pas indigne de
figurer auprès des plus touchantes créations du Dominiquin. Ce
tableau fut acheté par la municipalité de Lyon, et il se trouve au-
jourd'hui dans le musée de cette ville.

L'admiration que les chefs-d'œuvre de la peinture italienne ex-
citaient dans l'âme d'Orsel ne lui faisait point oublier le modèle
vivant, non le modèle qui pose, mais celui dont chaque mouve-
ment, dont chaque regard trahit la pensée, et que nous offrent les
mille rencontres de la vie journalière. Les rues, les places publi-
ques, les églises, devinrent le théâtre ordinaire des études et des
méditations de notre artiste. Il arrivait ainsi peu à peu au style
des grands maîtres par la seule voie qui permette d'y atteindre, et
où l'on ne puisse encourir le reproche d'imitation.

Un fait d'un autre ordre contribua aussi à la formation du talent d'Orsel. L'Ecole de peinture, fondée à Rome dans les premières années de ce siècle par Cornélius et par Overbeck, et dont le principe se rattache à l'étude des maîtres primitifs, n'avait point encore, en 1822, pénétré en France. Déjà pourtant, sous le pinceau des deux jeunes réformateurs et de leurs émules, la fresque ressuscitée couvrait de nouveau les parois intérieures de plus d'une villa, et elle avait même vu s'ouvrir devant elle le musée du Vatican. Mais des travaux si peu d'accord avec les doctrines qui régissaient alors l'Ecole française durent médiocrement frapper l'attention des maîtres et des lauréats que la France envoyait à Rome. Aussi dut-il y avoir quelque surprise parmi les artistes allemands, lorsque, dans les basiliques où ils allaient étudier les types consacrés par l'église, ils rencontrèrent nos deux amis. Ils avaient peine à se persuader que ce fussent de sincères admirateurs de ces pieuses images, et il fallut plus d'une conversation pour dissiper leurs doutes. Quant à nos deux compatriotes, cette communauté de sentimens les confirma davantage dans la voie qu'ils s'étaient ouverte.

Vers cette époque, Orsel peignit, pour l'offrir à Guérin, une *Madeleine*, demi-nature, d'une grande vérité d'expression et de forme. Ce tableau, qui figura au Salon de 1827, passa, après la mort de Guérin, en la possession de M. David, ce poète brillant et ce courageux fonctionnaire qui, durant son consulat à Smyrne, s'était immortalisé en arrachant à la furie ottomane plusieurs milliers de Grecs.

La ville de Lyon n'oubliait pas Orsel. En 1823, elle lui avait commandé un *Moïse sauvé des eaux*. Orsel n'y mit décidément la main que vers 1827. Un voyage qu'il fit en 1828 à Pise et à Paris interrompit l'exécution de ce tableau. De retour à Rome en 1829, il acheva son œuvre, et il l'envoya au Salon de 1831. Le lieu de la scène est l'intérieur du palais de Thoutmosis. Le Pharaon est assis près d'une table. Devant lui se tient sa fille Thermutis, accompagnée de la mère et de la sœur de Moïse. Une esclave agenouillée tient dans ses bras le futur législateur des Hébreux. De la main droite, Thermutis désigne l'enfant, et, de la main gauche, elle montre le palais où elle demande que l'on reçoive Moïse. Der-

rière le trône royal, des personnages se consultent. Cette composition rappelle dignement le style de Poussin et les stanze de
Raphaël. Le sujet, déjà si important par lui-même, y est encore
relevé par une belle ordonnance et par une savante exécution; et,
tandis que de nobles draperies viennent s'ajouter à de nobles formes, la sévérité du style y est tempérée et en quelque sorte hu-
manisée par le pathétique des expressions et par le charme d'un
coloris harmonieux. On remarque, en outre, dans ce tableau, la
connaissance des usages et la fidélité des caractères. Bien avant
que l'on songeât à utiliser les travaux de la commission d'Egypte
pour la formation d'un musée spécial, Orsel, sous l'impulsion
première de Revoil, avait fait les recherches les plus ingénieuses,
et il se trouva ainsi au niveau des résultats qu'amena l'ouverture
de la collection égyptienne. Déjà l'*Enfant prodigue* et surtout
Abraham et Agar portaient l'empreinte de ces recherches. Le
Moïse sauvé des eaux fait partie du musée moderne de Lyon, et il
en est peut-être le plus bel ornement.

Nous arrivons au tableau du *Bien et du Mal*. Commencé à Rome
en 1830 et achevé à Paris, c'est la première œuvre où le talent de
notre artiste se soit présenté sous sa forme propre. Certes, ni les
conversations où Overbeck et Orsel s'éclairaient ensemble sur l'art
chrétien, ni les études que celui-ci avait faites, soit à Rome, au
Vatican, soit à Pise, au Campo-Santo, n'avaient dû être inutiles
à l'enfantement de cette nouvelle composition; mais elle était marquée d'un sentiment trop individuel pour que l'auteur n'eût pas
le droit de la revendiquer tout entière.

Le sujet en est complétement neuf, et Guérin n'hésita pas à dire
que ce tableau ouvrait une voie nouvelle dans l'art. Au salon de
1833, il fut du petit nombre des ouvrages qui obtinrent les ap-
plaudissements de la critique. Orsel avait enfin réalisé son rêve.
Sans rejeter le beau, mais sans s'y arrêter, il était arrivé à l'é-
motion, il avait su rendre l'expression du sens intime, le rayon-
nement de la pensée.

Ce tableau, qui est cintré dans sa partie supérieure, embrasse
dix tableaux où se développe successivement une seule idée, celle
de l'opposition qui règne entre le bien et le mal. Le tableau du
milieu représente une jeune fille qui foule aux pieds le livre de la

sagesse, et que le démon aussitôt vient tenter. Une autre, au contraire, étudie le saint livre, et, à l'instant même, elle se trouve protégée par un ange. Au-dessous, et de chaque côté, se déroulent huit petits tableaux, quatre à gauche, quatre à droite, où sont tracées les diverses conséquences du point de départ. Ici, la pudeur, le mariage, la maternité et le bonheur; là, le libertinage, l'abandon, la malédiction paternelle et le suicide. Et, pour couronnement à cette double existence, le tableau du cintre montre le Christ repoussant l'une des deux jeunes filles et recevant l'autre dans le ciel. Les ornements qui séparent les petits tableaux s'y rattachent d'une manière symbolique.

L'effet produit par cet ouvrage sur les juges compétents fut tel, que la préfecture de la Seine, ayant conçu la pensée de faire décorer les quatre chapelles d'angle de Notre-Dame-de-Lorette, projeta aussitôt d'en confier une au pinceau de Victor Orsel. Une commission, où se trouvaient Gérard, Guérin, et MM. Ingres et Delaroche, fut nommée vers le mois de décembre 1833, et il est à peine besoin d'ajouter qu'elle s'empressa d'applaudir au vœu de la préfecture. Orsel fut chargé de la chapelle septentrionale qui est à gauche du chœur, et M. Périn, de la chapelle septentrionale qui est à droite. Un autre artiste, M. Ad. Roger, qui s'était lié à Rome avec nos deux amis, et qui, dans leur fréquentation, avait puisé le goût de la grande peinture religieuse, fut chargé de la chapelle du baptême. Il y a mérité l'approbation générale par la chasteté de son style.

Par suite de travaux intérieurs étrangers à la décoration et de la nécessité où l'on se trouva de refaire plusieurs fois les enduits, par suite en outre des difficultés que présentait l'emploi d'une peinture encore toute récente, la peinture à la cire, Orsel ne commença réellement sa tâche qu'en 1836.

Cette tâche, en grande partie achevée, et qu'une mort douloureuse à pu seule interrompre, Orsel y a mis toute sa science et tout son cœur. Il y a mis sa vie. Espérons que l'avenir la lui rendra sous une forme éternelle.

Insistons d'abord sur un principe qui sert de point de départ à tout le système décoratif d'Orsel. Dès l'origine de ses études, il avait compris que la peinture monumentale ayant surtout pour objet d'orner les formes architectoniques, il faut que l'artiste se les soit rendues familières et que sa pensée docile évite avec soin tout ce qui en pourrait gêner le développement. La convenance et la vérité exigent donc que, derrière les figures peintes, on retrouve toujours le mur de l'édifice et qu'il ne soit ni percé ni annulé par des paysages ou par des simulacres d'architecture. C'est pour obéir à ce précepte rigoureux mais juste qu'Orsel adopta les fonds d'or des Byzantins et les fonds à teinte plate des Egyptiens et des Etrusques. Du reste, en renonçant ainsi au charme vulgaire de l'illusion, que de force morale et de véritable beauté n'ajoutait-il pas à ses travaux! Et s'il reconnut et accepta la suprématie de l'architecture, que de ressources lui offrit cet art pour la meilleure division de l'espace et pour la plus sage distribution des figures et des ornements! Pénétrez dans la modeste chapelle qu'il a si admirablement décorée : ne semble-t-il pas que, sous le fertile pinceau de l'artiste, elle se soit agrandie? Et cette arche d'alliance, et cette tour de David, et ce trône de Salomon, et ce temple de Jérusalem, qui ont prêté au peintre la noblesse de leurs lignes et la clarté de leurs symboles, est-ce à la seule lecture des livres saints qu'il en a dû la restitution? Non, c'est encore à l'architecture, c'est à l'étude profonde qu'il avait faite des monuments égyptiens.

Mais arrivons à la description de cette chapelle où il a déployé des connaissances si diverses. Elle se présente à l'intérieur sous la forme d'une coupole que soutiennent quatre arceaux reposant sur quatre pieds droits. L'arceau occidental ouvre sur l'autel ; l'arceau opposé, sur le chœur ; l'arceau méridional, sur l'une des deux petites nefs. Dans l'arceau septentrional est inscrite la porte de la sacristie. C'est au-dessus de cette porte que se trouve la composition mère, dont les autres ne sont pour ainsi dire que la descendance.

Quand Orsel se mit à l'œuvre, les peintres qui avaient été chargés de la nef et du chœur avaient épuisé toute la vie de la Vierge. Ne pouvant reprendre des sujets que l'on venait de traiter si près des murs où il devait peindre, il ouvrit les litanies de la Vierge, et le premier, il y sut découvrir une source de hautes et pieuses inspirations. Profondément versé dans la connaissance des saintes

lettres, il les fit servir au développement du texte qu'il proposait
à ses pinceaux et, dans cette application d'un chant liturgique à
la peinture, il déploya un véritable génie chrétien.

Le demi-cercle qui domine la porte de la sacristie représente la
Vierge assise sur un trône et portant Jésus sur ses genoux. L'en-
fant-Dieu tient le monde en sa main et donne sa bénédiction. Un
chœur d'anges chante les litanies.

Salut des malades, Consolatrice des affligés, Secours des chré-
tiens, Refuge des pécheurs, tels sont les sujets des quatre compositions circulaires qui décorent les pendentifs ou espaces compris entre les arcades. Deux triangles en forme de tympans accom-
pagnent chacune de ces compositions, et s'y rattachent par le
sens comme par les lignes. Dans chacun de ces triangles, l'artiste
a peint en grisaille une figure qui, sans être nécessaire à la scène
principale, en accroît l'énergie. Ainsi, dans Salut des Infirmes,
la Vierge tient Jésus dans ses mains, et, à la prière d'une jeune
fille, vient au secours d'un malade. Telle qu'elle est, la scène est
complète; et pourtant la Confiance qui arrive d'un côté, tandis que
de l'autre la Mort s'enfuit, quoi de plus propre à augmenter l'élo-
quence du tableau? Le Deuil et la Consolation, l'Hérésie et l'Isla-
misme, l'Avarice et le Libertinage, telles sont les autres figures
qui, deux par deux, viennent s'adjoindre aux trois autres compositions.

Au-dessus de ces quatre scènes, empruntées à la vie terrestre,
l'artiste a représenté, sur la concavité des parois de la coupole,
quatre autres scènes tirées d'une sphère plus haute, et traitées,
par conséquent, d'un pinceau plus idéal. Reine du ciel, Reine des
martyrs, Reine des vierges et Reine des patriarches, telles sont
les quatre dénominations que le pinceau d'Orsel a développées dans
autant de quadrilatères à la fois séparés et réunis par des attri-
buts différens. Il serait difficile de louer dignement ces quatre
chefs-d'œuvre. Contentons-nous de faire observer la puissance
de création qui respire dans la scène intitulée « Reine du ciel. »
Jusqu'alors, une simple couronne posée sur le front de la mère du
Christ, tel était l'unique symbole de sa royauté. Orsel a renouvelé le
sujet en l'approfondissant. Par quel mérite Marie est-elle devenue
reine? Pour avoir servi de mère au fils de Dieu. C'est par elle en

quelque sorte que le salut commence, comme c'est par la croix qu'elle tient dans ses mains qu'il s'achève. A sa gauche, est agenouillé l'ange Gabriel, et, à sa droite, l'ange exterminateur. L'un semble murmurer les paroles de la salutation évangélique; l'autre remet dans le fourreau son épée inutile.

Cinq autres noms, extraits des litanies, Reine des anges, Reine des confesseurs, Reine des saints, Reine des apôtres et Reine des prophètes, ont fourni à l'artiste trente figures isolées qu'il voulait peindre sur la courbe intérieure des arcades, et de chaque côté de la porte qui mène à la sacristie. De ces trente figures, quinze seulement sont achevées. Ce sont les dominations, les séraphins, les chérubins, les vertus, les principautés, saint Cyrille, Eléazar, la mère des Machabées, saint Maxime, saint Louis, saint Paul ermite, saint Joseph, saint Jacques, saint Jean et saint Mathieu. Dans le rapprochement de ces anges et de ces élus en qui se personnifient les diverses formes de la prière, depuis la sublimité empreinte dans le martyre moral de la mère des Machabées jusqu'à l'extase brûlante des séraphins, n'y a-t-il pas quelque chose de l'esprit du Dante, et cette opposition de la lutte éphémère et du triomphe éternel ne rappelle-t-elle pas les mâles contrastes où se complaisait le pinceau d'André Orgagna?

Restent les quatre faces principales des pieds droits ou piliers. Là encore d'importantes lacunes se présentent. Sur les douze sujets qui les doivent orner, huit seulement occupent déjà leur place sur la muraille. Ce sont : Rose mystique, Miroir de justice, Vierge puissante, Vase d'élection, Porte du ciel, Etoile du matin, Arche d'alliance et Maison d'or. Deux autres sujets, Tour de David et Siége de la sagesse, sont en voie d'exécution, et les deux derniers n'existent encore que sur le papier.

Un nouvel exemple va montrer comment Orsel entendait la symbolique. Ayant à développer cette idée « Miroir de justice, » il prend d'abord le mot de miroir dans son acception propre et il peint un miroir attaché à un glaive, le glaive de la loi; puis, s'élevant au figuré, il fait briller dans un bassin, aux pieds de la justice divine, le miroir d'une fontaine. Penchés sur l'onde incorruptible, des pécheurs y reconnaissent leurs fautes, et se repentent, et le bouclier de la justice les protège contre les flèches du démon. Il en est de même du sujet intitulé: « Vierge puissante. » Le fait historique frappe d'abord les yeux, et le premier signe de l'intercession de Marie se montre aux noces de Cana. Plus haut, nous trouvons la mère du Christ assise sur la sphère terrestre et invoquant Dieu pour le monde. Parvenus enfin à l'ordre symbolique, nous voyons une femme enceinte, et c'est encore Marie, arrêtant d'un geste la bête de l'apocalypse.

Sur la face principale des pieds droits comme sur les pendentifs qui les surmontent, Orsel a entremêlé avec beaucoup de charme la grisaille et la peinture polychrome.

Que dirons-nous maintenant de cette œuvre moins vaste par son étendue que par sa profondeur? Nous ne craignons pas d'être désavoué en affirmant que, depuis ces vingt dernières années, la peinture religieuse en France n'a rien produit de plus complet. D'autres auront mis plus de recherche dans le dessin, plus de hardiesse dans les attitudes, plus de puissance dans l'effet. Aucun n'aura dépassé, aucun peut-être n'aura égalé ce docte et facile équilibre de toutes les parties, cette grâce noble et souple, cet accord toujours rigoureux de la pensée et de l'expression, cette simplicité savante, cette richesse de composition, cette abondance d'idées toujours soumise à l'ordre le plus clair; enfin, cet ensemble dont la réalisation, obtenue par treize années de travaux opiniâtres, n'a pas dû être étrangère à la mort d'Orsel, mais qui lui assure une glorieuse place dans l'école française.

A cette tâche déjà si lourde s'en était venue joindre une autre en 1834. La ville de Lyon, à peine délivrée du choléra, avait demandé à Orsel un tableau commémoratif de la protection de la Vierge. Orsel ne voulut s'en charger qu'à une condition, c'est qu'il le mènerait de front avec sa *Chapelle*, et qu'il les achèverait en même temps l'un et l'autre. Le tableau à treize pieds de largeur sur une hauteur de dix-huit pieds: il se compose de treize figures et d'un lion, symbole parlant de la seconde ville de France. La Vierge se présente de face; elle est assise sur un trône et porte sur ses genoux l'Enfant divin, qui fait un geste de bénédiction. La ville de Lyon, sous la figure d'une femme éplorée, est à genoux aux pieds de Marie qui la couvre de son manteau. A gauche du trône, les quatre patrons de cette ville intercèdent pour elle.

A droite, un ange étend son bras armé d'un glaive entre la sup-
pliante et le Choléra, que suivent la Mort et la Guerre civile. Sur
le devant du tableau est couché un lion qui lèche les blessures
dont il est couvert ; et, dans le ciel, deux anges tiennent un car-
tel sur lequel seront inscrits plusieurs versets des litanies de la
Vierge. Sur le bas de la toile, on représentera la montagne de
Fourvières et la chapelle qui la sanctifie. L'animal symbolique et
les nuages sont inachevés ; et les glacis, qui doivent remettre à
leur place certaines parties d'un ton trop vif, manquent encore.
Tel qu'il est, pourtant, et à tous les grands points de vue de l'art,
cet ouvrage peut être regardé comme terminé. En l'exécutant,
Orsel ne pensait qu'à le rendre digne du saint lieu où il devait
être placé. L'idée des prières quotidiennes qui devaient s'élever
devant son tableau, l'idée que la chapelle de Fourvières est, par
excellence, la chapelle de la protectrice de Lyon, qu'elle est un
but de continuels pèlerinages, cette idée ne le quittait jamais.
Aussi a-t-elle, pour ainsi dire, guidé son pinceau. La Vierge qu'il
nous présente ici, c'est la Vierge des premiers siècles du chris-
tianisme, c'est la Vierge byzantine, soumise aux lois d'une es-
thétique plus savante.

Cette noble figure nous offre l'expression finale du style que
Victor Orsel avait cherché toute sa vie. Son dernier mot est là, et
il ne pouvait léguer à sa ville natale une meilleure partie de lui-
même, un plus glorieux héritage.

Deux faits établiront le rare scrupule qu'il apportait dans l'exercice de son art. Il n'avait encore peint aucun lion. Au lieu de faire
un dessin d'après l'antique, il voulut analyser les formes du lion
vivant comme il avait analysé celles de l'homme. Il l'étudia dans
sa charpente et dans son extérieur, dans ses parties et dans son
ensemble ; et, au dire des juges les plus difficiles, les études qu'il
en a faites sont des chefs-d'œuvre de vérité. De même pour sa
figure du Choléra. Il pouvait la peindre toute de convention. Il pré-
féra se rendre dans un des hôpitaux où se trouvaient des cholé-
riques, et il y fit deux études d'après une des victimes du fléau.
Aussi tendre chrétien que grand artiste, il sut, par de bonnes paroles, relever le cœur du pauvre mourant dont il reproduisait en
même temps les souffrances avec un sentiment profond.

D'autres ouvrages moins importants mais non moins remarquables furent exécutés par lui.

En 1836, le ministre de l'intérieur le chargea de peindre sur émail, pour l'école des Beaux-Arts, le portrait en buste de François Ier. Ce portrait, en forme de médaillon, décore l'un des côtés de la porte extérieure qui mène à l'hémicycle de M. P. Delaroche. Le médaillon qui sert de pendant est de M. Périn. Sans altérer les traits généraux que les artistes du temps donnent au brillant successeur de Louis XII, Orsel a surtout cherché et rendu le vainqueur de Marignan, le sérieux protecteur des arts et le fondateur du collége de France.

Vers 1838, au sortir d'une maladie assez grave, il donna à son médecin une sépia, où il avait représenté la Science assise devant une table de dissection. La figure symbolique lève sa main droite vers son menton, et sa main gauche s'appuie sur le ventre ouvert d'un enfant mort. Un candélabre antique et une potence, d'où pend un squelette, complètent la scène. Ce dessin est tout simplement à la hauteur des plus belles productions de l'art italien. L'artiste y a trouvé le secret d'être vrai sans devenir horrible et de subordonner l'émotion à la pensée.

A la même époque appartient une étude peinte qui devait d'abord servir à un tableau de *Bethsabée*. Mais Orsel la poussa si loin, qu'elle prit la place du tableau projeté. La partie inférieure de la toile devait être occupée par trois petits tableaux accessoires représentant la mort d'Uri, David et Nathan, et David chassé par Absalon.

En 1843, il peignit, d'après le fils de M. Périn, un portrait digne de Léonard, et dont la place nous paraît marquée d'avance au Musée du Louvre. Chaque année, depuis la naissance de cet enfant, Orsel exécutait un dessin d'après lui et en faisait présent à madame Périn. La collection de ces dessins où, parfois, la figure principale se trouve associée à d'autres personnages, forme ce qu'il nous doit être permis d'appeler une espèce de poëme de l'enfance.

Vers 1845, trois stances de mademoiselle Bertin suggérèrent à Orsel l'idée d'une composition qui égale, si même elle n'efface pas, les plus douces créations d'Overbeck. C'est un dessin qui se divise en deux scènes superposées. La scène inférieure représente un riche laboureur qui laisse tomber des épis de sa gerbe sur les pas des glaneurs. Une jeune fille est seule témoin de cet acte de charité, et elle joint les mains. Dans la scène supérieure, le Christ fait signe à un ange d'inscrire le nombre des épis que le riche a détachés de sa gerbe, et qu'un autre ange dépose dans les granges du ciel. Un autre dessin doit être mentionné : il représente sainte Amélie. On y admire cette noble alliance du style grec et du sentiment chrétien, qui est le propre du talent d'Orsel.

Le 27 août 1849, Orsel fut saisi par le mal qui l'a emporté. Les études sans nombre qu'il avait dessinées ou peintes avec une ténacité presque surhumaine, ses excursions dans les hôpitaux, les soucis que lui avaient causés les instances de la ville de Lyon, désireuse de posséder le tableau qu'elle lui avait commandé ; tout cela, on peut le croire, avait préparé la voie au mal.

Deux convalescences et deux rechutes successives mirent à une cruelle épreuve son courage et le dévouement de ses amis. En proie aux continuels assauts d'un rhumatisme aigu, il fit face à la douleur, comme il avait affronté le travail : « Ne nous plaignons pas, disait-il souvent, Dieu sait bien ce qu'il fait. » Et, de sa main crispée par des crampes soudaines, il dessinait à la plume cette scène touchante que l'on peut appeler son testament de mort, et qu'il a intitulée *la Prescience de la Vierge*. Marie est debout ; et, tandis que son enfant repose, elle médite sur les prophéties qui annoncent la mort du Christ. Dans ses derniers moments, il trouva encore assez de force en lui pour représenter Job étendu sur son fumier et en proie aux insultes de ceux-là mêmes qui auraient dû le secourir. Hélas ! c'était lui-même, c'étaient ses propres douleurs, c'étaient les dégoûts dont on l'avait abreuvé qu'il représentait dans cette esquisse éloquente. Mais, plus heureux que Job, il avait à son lit de mort un ami qui pouvait lui faire oublier le reste.

Le 1er novembre 1850, après quatorze mois de souffrances, et malgré les soins paternels du docteur Récamier, Victor Orsel rejoignit sa mère, laissant sa vie et ses œuvres en exemple à ses amis et aux admirateurs du bon et du beau.

Orsel avait un principe qui anime tous ses travaux et en dehors duquel il ne peut être entièrement compris : c'est que l'art doit se

proposer un but moral. A ses yeux, la beauté, la science et l'exécution ne sont que des moyens. Toucher l'homme pour le rendre
meilleur, voilà le but. Ses œuvres, comme les travaux des anciens,
ne peuvent que gagner à un long examen. L'effort ne s'y trahit
jamais; la science y est toujours voilée; mais, quand on veut l'y
chercher, on l'y trouve.

Il en était de lui-même comme de ses œuvres : une vie ar-
dente circulait dans ses veines; mais il savait la contenir et
l'empêcher d'éclater. Admirable pour ses amis, non-seulement il se
pliait à leur diversité d'humeurs, mais il s'étudiait à les concilier
entre eux. Parmi les personnes dont il sut mériter l'estime et l'af-
fection, M. Ingres doit être spécialement cité. Dans les entretiens
de cet homme illustre, il puisait des conseils pour ses ouvrages et
de la force contre ses ennuis. Sa conversation, d'ailleurs, était fort
goûtée par les esprits d'élite. Son intelligence avait tant de péné-
tration, qu'elle pouvait aisément se rendre compte même des
choses étrangères à la peinture; et ses idées étaient si nettes, que
l'expression en était d'une clarté irrésistible.

Juge impartial et indulgent, il cherchait toujours l'intention de
l'artiste et la part de mérite qui y répondait. Modeste et même
humble pour lui-même, il ne déployait d'énergie que pour dé-
fendre les autres; et, comme cette énergie partait du cœur, il
était rare qu'il ne ramenât point ses adversaires à son opinion.
Il n'avait de sévérité que pour les charlatans. Désintéressé jusqu'à une sorte de prodigalité, il a dépassé, au delà de ce qu'on
peut croire, les fonds qui lui avaient été alloués pour sa chapelle
et pour le tableau du Choléra. Ne se préoccupant que des résultats
de l'art, il a fait bon marché de sa réputation temporelle. Enfer-
mé, pour ainsi dire, dans son œuvre, il y a été oublié par ceux
qui dispensent les honneurs et par ceux qui dispensent la renom-
mée. Etranger d'ailleurs à notre siècle par la tournure de son esprit, par la hauteur de ses vues et par la beauté de son âme, il
eût été le bienvenu à l'époque du Dante et de Giotto, à l'époque
d'André Orgagna, et Dieu permit qu'il ressemblât à ces trois grands
hommes par les traits du visage comme par le cœur.

Il laisse quelques élèves d'un talent élevé. C'est à eux, c'est
surtout à M. Périn, à cet autre lui-même, qu'appartient la tâche

difficile d'achever sa chapelle, et de la mettre le plus promptement possible sous les yeux du public.

La tâche de la critique était plus aisée. Nous avons essayé de la remplir. Ajoutons un dernier mot : Ce qui fait d'Orsel un maître, ce qui le range déjà parmi les anciens, c'est que la force créatrice, qualité devenue si rare, respire dans ses œuvres ; on y sent une originalité qui ne vient ni d'une certaine manière de voir ni d'une disposition voulue de l'esprit, mais de l'étude constante de la nature et du fond même du sujet. Quoi de plus? Orsel nous offre le type de l'artiste véritable, et, si la décadence de notre école pouvait être arrêtée, ce serait assurément par de tels hommes et par l'influence de leurs ouvrages.

www.ingramcontent.com/pod-product-compliance
Lightning Source LLC
Chambersburg PA
CBHW061718050726
47598CB00004B/1910